CAERFYRDDIN
A
RHAN ISAF DYFFRYN TYWI
MEWN HEN LUNIAU

CARMARTHEN
AND
THE LOWER TYWI VALLEY
IN OLD PHOTOGRAPHS

Yr SS Merthyr *yn tynnu llong hwylio ar y Tywi yng Nghaerfyrddin, c. 1900.*
The SS *Merthyr* towing a sailing ship down the Tywi from Carmarthen, c. 1900.

CAERFYRDDIN
A
RHAN ISAF DYFFRYN TYWI
MEWN HEN LUNIAU

CASGLWYD GAN YR

ADRAN GWASANAETHAU DIWYLLIANNOL

CARMARTHEN
AND
THE LOWER TYWI VALLEY
IN OLD PHOTOGRAPHS

COLLECTED BY

DYFED CULTURAL SERVICES DEPARTMENT

ALAN SUTTON
1989

CYNGOR SIR
DYFED
COUNTY COUNCIL

Alan Sutton Publishing
Gloucester

Cyhoeddwyd ar y cyd â
Published in collaboration with

**Adran Gwasanaethau Diwylliannol
Cultural Services Department**

CYNGOR SIR

COUNTY COUNCIL

Cyhoeddwyd gyntaf ym 1989
First published 1989

Hawlfraint (h)
Copyright ©

Manylion catalogio y Llyfrgell Brydeinig
British Library Cataloguing in Publication Data

The Tywi Valley in old photographs.
1. Dyfed, history
I. Dyfed Cultural Services Department
942.9'6

ISBN 0–86299–690–2

Cysodi a gwaith gwreiddiol gan
Typesetting and origination by
Alan Sutton Publishing Limited
Argraffwyd ym Mhrydain Fawr
Printed in Great Britain by
Dotesios Printers Limited

CYNNWYS • CONTENTS

Cyflwynir y gyfrol hon er cof am ein cyd-weithiwr F.V. Williams, a fu farw rai misoedd cyn ei chyhoeddi. Mae'r llun hwn yn dangos 'Vernie' wrth ei waith y tu ôl i ddesg Llyfrgell Gyhoeddus Caerfyrddin yn Heol Spilman bryd hynny, yn y 1960au cynnar.
This book is dedicated to our former colleague F.V. Williams who died during its preparation. This photograph shows 'Vernie' Williams at work behind the counter of Carmarthen Public Library at its former location in Spilman Street in the early 1960s.

RHAGYMADRODD

Mae Caerfyrddin, sy'n ganolfan gweinyddol sir newydd Dyfed, wedi'i leoli ger eithafbwynt y llanw ar Afon Tywi. Sefydlwyd y dref gan y Rhufeiniaid a'i galw'n Moridunum, ac, am yn agos i ddwy fil o flynyddoedd, mae'r lle wedi chwarae rhan allweddol yn natblygiad economi ac hanes yr ardal. Mae'r datblygiad hwnnw yn ddyledus iawn i'r afon a'r dyffryn. Pan yw'r llanw i mewn, agorir ffordd ddi-lestair i'r môr, ac i'r cyfeiriad arall mae'r heolydd sy'n dilyn yr afon yn arwain at gefn gwlad amaethyddol ffrwythlon yr hen Sir Gaerfyrddin.

Yn ystod degawdau cyntaf y ganrif hon, bu cei prysur ar lan yr afon yn union o dan furiau'r hen gastell, a fu'n garchar ar ôl hynny, gyda llongau yn cyfnewid nwyddau nid yn unig o borthladdoedd cyfagos Môr Hafren ond o wledydd tramor hefyd, fel Gwledydd Llychlyn a oedd yn allforio coed i'r dosbarthwyr a'r cwmnïoedd lleol. Mewn rhai o'r lluniau a welir yma, mae'r cei yn gefndir diwyd a dilys i'r grwpiau o goryglwyr sy'n sefyll ar ochr Pensarn yr afon. Cyn dyfod y rheilffordd, roedd yr afon felly yn rhoi bywoliaeth i nifer helaeth o drigolion y dre. Gallai hefyd fodd bynnag beri anhawster, hyd at beryglu bywyd, fel y dengys y lluniau o'r llifogydd rheolaidd, a'r rhewi mawr ym 1947 pan fu amlygion y dref yn sefyll yn hyderus ar iâ'r afon.

Yng nghyfnod troad y ganrif, bu ffotograffyddwyr lleol fel Henry Giles, Henry Howell, a J.F. Lloyd yn cofnodi pob agwedd o'r dre a'i phobl. Mae'r lluniau hyn ac eraill yn dystiolaeth arbennig ac unigryw o ddatblygiad cymdeithasol a chymunedol. Mae nhw'n cofnodi heolydd a lonydd sydd bellach wedi diflannu, wrth i'r strydoedd a'r adeiladau modern ledaenu. Disodlwyd y siopau bach teuluol yn raddol gan y cwmnïau mawrion a'u harch-farchnadoedd. Mae'r gweithfeydd tun, y ffowndrïau a'r diwydiannau bychain eraill a nodweddai tref hunan-gynhaliol tebyg i Gaerfyrddin, wedi hen ddiflannu bellach hefyd. Gellir gweld adfeilion y gwaith tun heddiw, ac mae olion y ffowndrïau i'w gweld yn y gwaith haearn gyr crefftus sydd yn dal i addurno rhai tai a strydoedd y dre.

Bu agor y parc ym 1900 yn fodd i roi pleser a mwyniant i'r trigolion. Mae lluniau J.F. Lloyd yn dangos poblogrwydd y lle, a'r amrywiol weithgareddau a gynhelid yno – o'r ffeiriau o bob math i'r Eisteddfod Genedlaethol ei hun; canolbwynt diwylliant ac oriau hamdden fel ei gilydd.

Mae'r afon yn cyrraedd y môr yn agos at bentrefi Glanyfferi a Llansteffan. Adeiladwyd castell nodedig Llansteffan rywbryd cyn 1146, ac mae'n amlwg ei bod wedi amddiffyn aber yr afon ac efallai hefyd groesfan y fferi. Bu croesfan fferi yma ers y cyfnod cynnar, hyd at ei gau yn gymharol ddiweddar ym 1948.

Maes Nott, Caerfyrddin, c. 1870.
Nott Square, Carmarthen, c. 1870.

Gwerthwyr cocos ym Marchnad Caerfyrddin, c. 1910.
Cockle Sellers at Carmarthen Market, c. 1910.

Adeiladu'r rheilffordd ym 1852 sy'n gyfrifol am ddatblygiad Glanyfferi. Trenau a gludodd ymwelwyr haf yma yn eu cannoedd a miloedd, yn bennaf o gymoedd diwydiannol De Cymru, a'r fferi yn ei thro a'u cludodd hwythau i Lansteffan, fel y dengys lluniau W. Vince. Dywedir fod rhai tai yn Llansteffan wedi lletya hyd at 50 o ymwelwyr ar y tro – blancedi yn unig yn rhannu'r stafelloedd gwely.

Rhwng Llandeilo a Chaerfyrddin mae'r afon yn llifo'n esmwyth trwy ddyffryn ffrwythlon ac eang, a phentrefi cymen Dryslwyn, Nantgaredig ac Abergwili. Ar un adeg roedd yr afon yn llifo'n agos iawn at Balas Esbog Tyddewi yn Abergwili, sydd erbyn hyn yn amgueddfa, ond ym 1802 newidiodd ei chwrs gan adael ystumllyn bychan a alwyd wedyn yn Bwll yr Esgob. Mae'r rhan yma o'r dyffryn, rhwng Dryslwyn a Chaerfyrddin, yn nodedig am y plastai mawreddog a adeiladwyd yno, ac a gofnodir gan luniau C.S. Allen o Ddinbych-y-Pysgod.

Detholiad bychan yn unig o'r toreth o luniau a archwiliwyd wrth baratoi'r gyfrol hon a gynhwysir yma. Nis gellir gor-brisio pwysigrwydd hanesyddol a dogfennol yr holl luniau hyn. Mae nhw'n archif gweledol o'r pwys mwyaf; archif sy'n rhwym o ddod â phleser i'r sawl a ymddiddora ynddynt, ac sy'n sicr o fod yn ddeunydd crai hanfodol i ymchwilwyr ac haneswyr lleol y dyfodol.

INTRODUCTION

Carmarthen, the administrative centre of the modern county of Dyfed, is situated on the River Tywi at the limits of its tidal flow. The town was founded by the

Romans and called by them Moridunum. It has, for nearly 2,000 years, played a significant role in the history and development of the region. The history of the town is linked with the river and its valley which, at high tide, provides a route to the sea, and inland a communications route into the surrounding agricultural heartland.

Up until the early years of this century shipping followed the river to the town's quay nestling below the medieval castle and later gaol. It came not only from the many ports and harbours around the Bristol Channel, but also from as far away as Scandinavia with timber for the local wood yard. In some photographs the busy and bustling port provides a dramatic backdrop to the posed groups of coraclemen on the Pensarn side of the river. While the river was an important economic lifeline for the town up to the coming of the railways, it could also be a threat. Many old photographs show that the flooding of 1987 was not a new phenomenon. Winters could also be cold — as the photograph of people standing on the frozen Tywi in 1947 shows.

During the last decades of the nineteenth century and the first decades of this, local photographers such as Henry Giles, Henry Howell and J.F. Lloyd photographed the town and its people. These, and several other photographs, have left a remarkable visual archive which shows the changing social and economic scene. We can see the streets and alleyways that have disappeared as roads have been widened and modern developments constructed. The family shops and businesses have gone, to be replaced by the standard façades of national companies. The tinworks and the foundries, as well as the other industries typical of a small town like Carmarthen, have all disappeared. They satisfied a local need now provided by industries well outside the area. The remains of the tinworks still survive and the foundries have left a rich legacy in the architectural ironwork that graces the buildings and streets of the town.

Y Grîn yn Llansteffan, c. 1900.
The Green at Llansteffan, c. 1900.

Bythynnod yng Nghroes-y-ceiliog, c. 1900.
Cottages at Croes-y-ceiliog, c. 1900.

The opening of the park in 1900 provided the town with a valuable new social amenity. J.F. Lloyd's photographs show the popularity and the tremendous use it was put to for a whole variety of activities. Lloyd's photographs of the park and others, such as those of the Fancy Fayre and the Eisteddfod, give an insight into the varied social and cultural life of the town.

From Carmarthen the river flows the short distance to the sea and passes on its way the villages of Ferryside and Llansteffan. The view from Ferryside of Llansteffan is dominated by its magnificent castle. The castle guarded the estuary and ferry and was built sometime before 1146, which is its earliest known reference. The history of the two villages is linked by the ferry which operated from a very early period until 1948. The growth of Ferryside stems from the arrival of the railway in 1852. It was the railway which brought summer visitors in increasing numbers. Many of these were from the South Wales mining valleys and many were, as W. Vince's photographs show, transported by the ferry to Llansteffan. Some houses in Llansteffan are said to have accommodated 50 visitors in bedrooms often partitioned by blankets.

Between Llandeilo and Carmarthen the river Tywi flows through a fertile valley dotted with farms and small villages such as Dryslwyn, Nantgaredig and Abergwili. At Abergwili the river flowed past the Palace of the Bishop of St David's, now the museum, until 1802 when it changed course leaving behind a small ox-bow lake, now referred to as the Bishop's Pond. In this section of the valley were some of the most significant gentry houses in Carmarthenshire and the photographs by C.S. Allen of Tenby give some idea of their grandeur and importance.

This volume contains only a small sample of the photographs we examined in preparing this book. Many more exist and their historical importance should not be underestimated. They are a valuable visual archive which must be preserved for the education and enjoyment of future generations.

Glanyfferi • Ferryside
Llansteffan

Mynd ar y fferi yng Nglanyfferi, c. 1905.
Boarding the Llansteffan ferry at Ferryside, c. 1905.

Y fferi'n dynesu at Lanyfferi, c. 1905.
The ferry approaching Ferryside, c. 1905.

Glanio o'r fferi yng Nglanyfferi, c. 1905.
Disembarking from the ferry at Ferryside, c. 1905.

Teulu yng Nglanyfferi, c. 1900. Mae'n debyg bod y babell yno er mwyn rhoi cysgod ar y traeth, ac nid i noswylio na chysgu yno o angenrheidrwydd.
Family group at Ferryside, c. 1900. The tent may well have been for shelter and privacy on the beach rather than for sleeping.

Bad Achub Glanyfferi – y City of Manchester, *c. 1900. Dyma'r olaf o bedwar bad achub yn dwyn yr enw hwnnw a wasanaethodd yr ardal hon rhwng 1885 a 1907.*
Ferryside Lifeboat – The *City of Manchester*, c. 1900. This was the last of four lifeboats of this name and was in service between 1885–1907.

Teulu o Gaerfyrddin ar wibdaith i Lanyfferi, c. 1900.
A Carmarthen family on a day trip to Ferryside, *c. 1900.*

Casglu cocos yng Nglanyfferi, c. 1910.
Gathering cockles at Ferryside, c. 1910.

Y gwelyau cocos yng Nglanyfferi, c. 1930.
The cockle beds at Ferryside, c. 1930.

Teras Brigstocke, Glanyfferi, c. 1910.
Brigstocke Terrace, Ferryside, c. 1910.

Trên yn gadael Glanyfferi, c. 1910.
A train leaving Ferryside, c. 1910.

Eglwys Sant Tomos, Glanyfferi, c. 1900. Adeiladwyd gyntaf ym 1827 a'i hail-adeiladu ym 1876.
St Thomas' Church, Ferryside, c. 1900. It was first built in 1827 and rebuilt in 1876.

Bethania, Capel y Methodistiaid Calfinaidd, yn fuan wedi'i ail-adeiladu ym 1911.
Bethania Calvinistic Methodist Chapel shown soon after its rebuilding in 1911.

Eglwys y Plwyf, Sant Ishmael, c. 1920. Mae'r eglwys ei hun yn dyddio o'r canol-oesoedd ac fe'i lleolir tua dwy filltir o ganol pentre Glanyfferi. Datblygodd pentre Glanyfferi o gwmpas y fferi ei hun wrth gwrs, a'r orsaf reilffordd. Adeiladwyd Capel Anwes, Sant Tomos, yng Nglanyfferi ym 1827.

The parish church of St Ishmael, c. 1920. The parish church is of medieval date and is located nearly two miles away from the centre of the village of Ferryside, which developed around the ferry and the railway station. A Chapel of Ease, St Thomas' was built in Ferryside in 1827.

Ymwelwyr yn ystod oes Edward yn cyrraedd yr orsaf lanio ddeheuol yn Llansteffan, rhai yn gosod eu bagiau ar gartiau. Plant y ffotograffydd ei hun mae'n debyg yw'r rhai ym mlaen y llun.
Edwardian visitors arriving at the south landing stage, Llansteffan; some of them are loading their luggage onto carts. The children in the foreground are probably the photographer's own.

Ymwelwyr yn ystod oes Edward yn cyrraedd yr orsaf lanio ogleddol yn Llansteffan. Plant y ffotograffydd ei hun mae'n debyg yw'r rhai ym mlaen y llun.
Edwardian holidaymakers arriving at the north landing stage, Llansteffan. The children in the foreground are probably the photographer's own.

Y Grîn, Llansteffan, c. 1900.
The Green, Llansteffan, c. 1900.

Y Grîn, Llansteffan, c. 1900.
The Green, Llansteffan, c. 1900.

Eglwys Llansteffan, c. 1900.
Llansteffan Church, c. 1900.

Pentrefwyr yn eistedd y tu allan i'r hen ffald ar gyfer gwartheg strae yn Llansteffan. Siop yw'r ffald honno heddiw.
Villagers seated outside the old pound for stray cattle in Llansteffan. It is now a round shop.

Bws cyntaf Llansteffan – cerbyd y GWR a ddechreuodd wasanaethu'r ardal a'r Fai laf 1909. Mae safle'r stablau heddiw yn faes parcio.
Llansteffan's first bus – the GWR road car which first ran on 1 May 1909. The stables are now a car park.

Y Sgwâr, Llansteffan, c. 1930.
The Square, Llansteffan, c. 1930.

Uwchben y Sgwâr, Llansteffan, cyn 1914. Noder y gwter garregog a'r hen swyddfa bost.
Above The Square, Llansteffan, before 1914. Note the cobbled gutter and the old post office.

Y Stryd Fawr, Llansteffan, c. 1930.
High Street, Llansteffan, c. 1930.

Heol Caerfyrddin, Llansteffan, cyn 1900.
Carmarthen Road, Llansteffan, before 1900.

Llansteffan, c. 1905.

Cynhelid yr Ysgol Fenyn deithiol yn Llansteffan y tu ôl i Neuadd yr Undeb (Tafarn y 'Sticks').
The travelling Butter School at Llansteffan was held behind the Union Hall (Sticks Public House).

Tafarn Laeth, Parc Glas heddiw, lle y gellid prynu llaeth wrth y gwydraid, c. 1900.
Tafarn Llaeth, now Parc Glas, where milk could be bought by the glass, c. 1900.

Ffermdy'r Plas, c. 1900.
The Plas home farm, c. 1900.

Clwb Pêl-droed Llansteffan 1929–30. Mae Trevor Rees (tad y diweddar Gynghorydd Griff Rees) ar y pen ar y chwith yn y rhes gefn.
Llansteffan Rovers AFC 1929–30. Trevor Rees (father of the late Councillor Griff Rees) is on the extreme left, back row.
Rhes gefn/Back row: Trevor Rees, Billo James, Eirwyn Treharne, Billy Thomas, Llywelyn Rees. *Rhes ganol*/Centre row: Stanley Morris, Raymond Hughes, Fred Evans, Reggi Saunders, Tommy Saunders. *Rhes flaen*/Front row: Bert Evans, Tom Morgan Rees.

'Diwrnod y Maer' yn Llansteffan yn y 30au. Mae Bonny Lewis o Gaerfyrddin yn codi'i law yng nghanol y llun. Seremoni a charnifal yn cynnwys ffurf o ffug etholiad oedd 'Dirwrnod y Maer'. Bu 'ymgeiswyr' a'u cynrychiolwyr, llawer ohonynt o gymoedd De Cymru, yn areithio o flaen cynilleidfaoedd astud am oriau yn yr etholiadau hyn. Roedd Bonny Lewis yn un o'r ymgeiswyr mwyaf lliwgar ac etholwyd ef yn 'Faer' ym 1932 a 1953.

'Mayor's Day' in Llansteffan in the 1930s. Bonny Lewis of Carmarthen has his hand raised in the centre. Mayor's Day was a ceremony and carnival involving a mock election. Candidates and their agents, often from the South Wales valleys, held audiences for hours with their oratory. Bonny Lewis was one of the most colourful characters among the candidates. He was elected 'Mayor' in 1932 and 1953.

Gorymdaith 'Diwrnod y Maer' yn Llansteffan ar yr heol o'r 'Sticks'.
Mayor's Day procession at Llansteffan on the road from the Sticks.

Ymwelwyr a phentrefwyr yng ngorymdaith 'Dirwnod y Maer' yn Llansteffan ar yr heol o'r 'Sticks', c. 1920.
Holidaymakers and locals in the mayoral procession, Llansteffan, on the road from the Sticks, c. 1920.

Ysgol Llansteffan, c. 1908
Llansteffan School, c. 1908.

Ysgol Llansteffan, c. 1908
Llansteffan School, c. 1908.

Ysgol Llansteffan, c. 1906. Cefnder Dylan Thomas, Idris, yw'r pedwerydd o'r chwith yn y rhes gefn. Mae'n debyg y sylfaenwyd y cymeriad, Gwilym yn The Peaches *ar Idris.*
Llansteffan School, c. 1906. Dylan Thomas' cousin, Idris, is fourth from the left, back row. Gwilym in *The Peaches* was based on him.
Sefyll yn y rhes gefn/Back row, standing: -?-, Tom Jones (Darkway), William Williams (Underhill), Idris Jones (Fern Hill), Phoebe Williams (Plas Gwyn), Jenny Treharne, Jack Treharne, Dai Thomas, -?-, Ernie Jones (Parcyficer), Idwal Davies, Martin Williams (Cambrian), Ben Francis, David Rees Isaac. *Sefyll yn y trydydd rhes*/Third row, standing: Jack William (Plas Gwyn), Tom Williams (Man-yr-afon), Arthor Thomas, Esther Mary Jenny Williams. *Eistedd yn yr ail res*/Second row, seated: Miss Jones (*Athrawes*/teacher), Johnny Jones (Darkway), Non Williams, -?-, -?-, -?-, -?-, Mr Evans (*athro*/teacher), *ei ferch*/his daughter, -?-, Hannah Williams. *Rhes flaen*/Front row: Ivor Jones, Emrys Jones, Ben James, Willie Davies, George Treharne, Ida Treharne, Will Treharne, Doris Williams (Underhill), Sarah Anne Williams, Jessie Treharne.

Plant â chwpanau'r Coroni yn Heol yr Eglwys, Llansteffan, c. 1910.
Children with coronation mugs in Church Street, Llansteffan, c. 1910.

Angladd ym Moriah, Capel y Methodistiaid, Llansteffan, c. 1905.
A funeral, Moriah Methodist Chapel, Llansteffan, c. 1905.

Glöwyr a'u plant ar eu gwyliau yn Llansteffan. Roedd llawer o'r ymwelwyr yn dod o gymoedd De Cymru, ac roeddent yn dychwelyd bob blwyddyn i gwrdd â'u cyd-ymwelwyr a'r pentrefwyr, a oedd yn perthyn iddynt yn aml.
Colliers and their children on holiday in Llansteffan. Many visitors were from the South Wales Valleys who returned year after year to renew acquaintances with one another and with the villagers, who were often relatives.

Teulu o Gaerfyrddin ar y creigiau yn Llansteffan, c. 1900.
A Carmarthen family on the rocks at Llansteffan, c. 1900.

Parti o Ysgol Sul Capel yr Annibynwyr Heol Awst, Caerfyrddin yn Llansteffan, c. 1900.
A party probably from the Congregational Church Sunday School, Lammas Street, Carmarthen, at Llansteffan, c. 1900.

Athrawon a disgyblion Ysgol Ramadeg y Merched Caerfyrddin yn Llansteffan, c. 1920.
Staff and pupils from Carmarthen Girls' Grammar School at Llansteffan, c. 1920.

Llwyfan a meinciau yn y 'Sticks' yn Llansteffan. Yma yr etholwyd y 'Maer' ac y cynhaliwyd cyngherddau byrfyfyr. Hoff gyrchfan hefyd i ymwelwyr.

The stage and spectator benches in the Sticks at Llansteffan. It was here that the 'Mayor' was elected and impromptu concerts were held. It was also a favourite walk for visitors.

Tyrfa yn dathlu'r Coroni yn Llansteffan ym 1911.
Coronation crowds in Llansteffan, 1911.

Tyrfa'r carnifal yn Heol yr Eglwys, Llansteffan yn y 30au cynnar.
Carnival crowds in Church Street, Llansteffan, in the early '30s.

Ymwelwyr yn ystod cyfnod troad y ganrif yn Y Gegin Fach, Llansteffan. Man poblogaidd ar gyfer picnic a chael disgled – sy'n esbonio'r enw.
Edwardian holidaymakers at Y Gegin Fach, Llansteffan. This was a favourite place for picnics and making tea – hence the name.

Morfa Bach ar Heol Llansteffan, c. 1925.
Morfa Bach on the Llansteffan Road, c. 1925.

Trafnidiaeth ar Heol Llansteffan ger Morfa Bach yn agos at Bantyrathro.
The busy Llansteffan road at Morfa Bach near Pantyrathro.

Disgyblion ac athrawon Ysgol Llangain ym 1903.
Pupils and staff at Llangain School in 1903.

Ysgol Llangain c. 1905.
Llangain School, *c.* 1905.

Caerfyrddin – Strydoedd a Siopau
Carmarthen – Streets and Shops

Clôs Mawr, Caerfyrddin, c. 1900.
Guildhall Square, Carmarthen, c. 1900.

Clôs Mawr, Caerfyrddin, wedi'i oleuo gan lamp nwy ganolog, c. 1905.
Guildhall Square, Carmarthen, lit by a central gas-lamp, c. 1905.

Clôs Mawr, Caerfyrddin, rhwng 1906–1910. Ym 1906 dadorchuddiwyd y Gofeb i Ryfel y Bŵr a goleuwyd y sgwâr gan lampau nwy ar ochrau'r Neuadd.
Guildhall Square, Carmarthen, between 1906–1910. In 1906 the Boer War Memorial was unveiled and the square was lit by gas-lamps on the sides of the Guildhall.

Clôs Mawr, c. 1930.
Guildhall Square, c. 1930.

Y prif lys y tu mewn i Neuadd y Dre, c. 1910.
The main courtroom inside the Guildhall, c. 1910.

Clôs Mawr, c. *1940*.
Guildhall Square, c. 1940.

Yn y Clôs Mawr yn edrych tuag at y Porth Tywyll, c. *1930*.
Guildhall Square, looking towards Darkgate, c. 1930.

Adeilad hardd yr 'Emporium' a fu'n eiddo i H. Thomas tan 1947. Distrywiwyd gwyneb yr adeilad ym 1954. Siop 'Littlewoods' sydd yno nawr.

The delightful façade of the 'Emporium'. H. Thomas carried out a business here until 1947. The façade was destroyed in 1954. Littlewoods now occupies the site.

Mae'r lluniau hyn yn dangos adeilad Banc y 'London and Provincial' Cyf., (Banc Barclays) yn y Clôs Mawr. Mae rhan o'r hen gownter banc yn dal i gael ei ddefnyddio, c. 1930.

These photographs show the premises of the London and Provincial Bank Ltd (Barclays Bank) in Guildhall Square. Part of the bank counter still remains, although security has increased! c. 1930.

E. Walter Rees, c. 1910. Dechreuodd Mr Rees ei yrfa gyda Banc y 'London and Provincial' a ddaeth wedyn yn Banc Barclays ym 1918. Fe'i ddyrchafwyd yn reolwr ym 1927 a bu yno tan ei farwolaeth ym 1939. Ef oedd Ceidwad y Cledd i Orsedd y Beirdd am flynyddoedd, a'i enw barddol oedd Gwallter Dyfi.
E. Walter Rees, c. 1910. Mr Rees started his career in banking with the London and Provincial Bank, which was absorbed by Barclays Bank in 1918. He became manager in Carmarthen in 1927 and remained there until his death in 1939. He was, for many years, sword bearer at the National Eisteddfod and his bardic name was Gwallter Dyfi.

Maes Nott, c. 1930.
Nott Square, c. 1930.

Maes Nott, c. 1930.
Nott Square, c. 1930.

Siop yr 'Home & Colonial', Heol y Brenin, yn gwerthu menyn am swllt y pwys, c. 1925.
The Home & Colonial Store, King Street, selling butter at 1s. (5p) per pound, c. 1925.

Y tu fewn i'r siop yn y 50au cynnar.
Inside the store in the early 1950s.
Chwith ir dde/Left to right: Miss Rees, *y rheolwr*/the manager, Maureen Johns.

Yn Heol y Brenin yn edrych i gyfeiriad Maes Nott. Efallai fod y baneri yno i ddathlu Coroni Edward VII ym 1902.

King Street, looking down towards Nott Square. The flags are possibly celebrating the Coronation of Edward VII in 1902.

Gweithdy'r 'Leader Cycle' yn Heol y Brenin, gyferbyn â'r swyddfa bost. Mae'r blwch postio a welir wedi'i adlewyrchu yn y ffenestr yn dwyn monogram y Frenhines Fictoria, c. 1900.

The Leader Cycle Works, King Street, opposite the post office. The post box reflected in the window bears Queen Victoria's monogram, c. 1900.

Yn Heol Spilman yn edrych i gyfeiriad eglwys y plwyf, c. 1935.
Spilman Street, looking towards the parish church, c. 1935.

Tafarn Goffi y 'Lion Royal' a Chlwb y Gweithwyr yn Heol Spilman, c. 1900. Swyddfa gwerthwyr tai and 'hir yw'r adeilad nawr.
The Lion Royal Coffee Tavern and Workingmen's Club, Spilman Street, c. 1900. This is now the office of an estate agent.

Yn Heol Spilman yn edrych i gyfeiriad y carchar, c. 1920.
Spilman Street, looking towards the county gaol, c. 1920.

Y fynedfa i'r carchar, 1933.
The entrance to the county gaol, 1933.

Tŷ Llywodraethwr y Carchar gerllaw y fynedfa. Cynlluniwyd Carchar Caerfyrddin gan John Nash a'i adeiladu rhwng 1789 a 1792. Bu'r dienyddiad cyhoeddus diwethaf ym 1829 ar lwyfan a adeiladwyd uwchben mur y carchar. Llanwodd y gynulleidfa a'i gwyliodd Heol Spilman yn ôl at Westy'r Llwyn Iorwg. Caewyd y carchar ym 1922 a'i ddymchwel ym 1938.

The Governor's House attached to the gaol entrance. Carmarthen Gaol was designed by the architect John Nash and built between 1789–92. The last public execution took place in 1829 on a platform over the gaol wall. The watching crowd filled Spilman Street back to the Ivy Bush Hotel. The gaol was closed in 1922 and demolished in 1938.

Stryd y Priordy/Priory Street 1924.
Adeilad O. Norton a'i Gwmni sydd ar y gornel – masnachwyr gwin a gwirod. Adeilad sydd wedi ei ddymchwel erbyn hyn. Sefydlodd y Cwmni fragdy yng Nghaerfyrddin ym 1835, gan ehangu i'r busnes glo a phrynu glofa brag. Prynwyd y bragdy ei hun wedyn gan Gwmni Buckley's.

The photograph shows the premises of O. Norton and Company who, at the time, were wine and spirit merchants. The building has since been demolished. Norton and Company established their brewery in Carmarthen in 1835 and, soon after, expanded into the coal business by acquiring a malting coal colliery. The brewery was eventually acquired by Buckley's.

Symudwyd gweddillion Hen Dderwen Caerfyrddin i Neuadd y Dre ym 1978, ac maent i'w gweld yn y cyntedd yno. Mae'n debyg y plannwyd y goeden wreiddiol ym 1659 pan ail-sefydlwyd y Frenhiniaeth ar ôl y Rhyfel Cartre a marwolaeth Cromwell.

The remains of Carmarthen's Old Oak were removed to St Peters Civic Hall in 1978 where they are displayed in the foyer. The tree was probably planted in 1659 when the monarchy was restored after the Civil War and the death of Cromwell.

Y Parêd, Caerfyrddin, c. 1900.
The Parade, Carmarthen, c. 1900.

Y Llannerch c. 1900. Noder y gwaith haearn gyr hardd a wnaethpwyd yn y ffowndri lleol.
The start of The Esplanade, c. 1900. Note the fine railings made in the local foundry.

Plant ar Y Parêd ar waelod Y Rhodfa, c. 1900. Y ddynes yn y cefndir yw Mrs Jane Evans, gwraig David Pugh Evans, Ficer Eglwys San Pedr.

Children on The Parade at the bottom of The Avenue, c. 1900. The lady in the background is Mrs Jane Evans, the wife of David Pugh Evans, the vicar of St Peter's Church.

Llun o Ddwyrain Caerfyrddin, wedi'i dynnu yn Llangynnwr, yn dangos yr hen Ysgol Ramadeg, Y Llannerch a'r rheilffyrdd ymylol prysur ger y lein sy'n arwain at yr Orsaf Reilffordd – ardal a elwir yn awr yn Heol yr Hen Orsaf, c. 1900.
East Carmarthen photographed from Llangunnor showing the old Grammar School, The Esplanade and the busy railway sidings alongside the line leading to the town station, situated in the area now known as Old Station Road, c. 1900.

Heol Awst, Caerfyrddin, c. 1910.
Lammas Street, Carmarthen, c. 1910.

Heol Awst o gyfeiriad tŵr Eglwys Dewi Sant, c. 1900. Nid oedd Rhodfa Dewi Sant wedi'i adeiladu bryd hynny.
The view looking up Lammas Street from St David's Church tower, c. 1900. St David's Avenue has not yet been built.

Y gofeb i Ryfel y Crimea yn Heol Awst, c. 1900. Fe'i hadeiladwyd ym 1858 er cof am filwyr y 23ain Catrawd o'r Ffiwsilwyr Cymreig a laddwyd yn y rhyfel honno. Mae'r rheiliau siâp reifflau yn anarferol.

The Crimean War Monument in Lammas Street, c. 1900. The monument was erected in 1858 in memory of the officers and men of the 23rd Royal Welch Fusiliers who died in the war. The railings, shaped like rifles, are of an unusual design.

Staff y papur wythnosol, The Welshman, yn Heol Awst, c. 1905. Merch William Jones yw'r ferch ar y chwith, ac mae ef yn sefyll wrth ei hymyl. Bu William Jones yn rwymwr llyfrau gyda'r Welshman am 62 o flynyddoedd. Dywedir mai ef oedd un o drigolion cyntaf Caerfyrddin i reidio beic 'penny-farthing'.

The staff of *The Welshman* Newspaper Company in Lammas Street, c. 1905. The girl on the left is the daughter of William Jones who is standing next to her. William Jones was a book binder with *The Welshman* for nearly 62 years. He is said to have been one of the first residents of Carmarthen to ride a penny-farthing.

Siop esgidiau Olivers yn 3 Heol Awst. Tynnwyd y llun ar Chwefror 8fed 1928.
Olivers Shoe Shop at No. 3 Lammas Street. The photograph was taken on 8 February 1928.

Heol Goch ym 1969 cyn datblygu'r ardal siopa newydd.
Red Street in 1969 before the development of the new shopping precinct.

Heol Goch ym 1969 a golwg o Westy'r Nelson a swyddfeydd y Fwrdeistref.
Red Street in 1969 showing the Nelson Hotel and the Borough Offices.

Rhes y Coed yn edrych i gyfeiriad Heol Dŵr Fach ym 1969.
Woods Row, looking towards Little Water Street in 1969.

Teras Picton, c. 1900.
Picton Terrace, c. 1900.

Cofgolofn Picton, c. 1900. Adeiladwyd y gofgolofn hon ym 1847. Dyma'r ail gofgolofn ar y safle; adeiladwyd yr un gyntaf ym 1825 ac fe'i cynlluniwyd gan John Nash. Dymchwelwyd yr ail golofn yn ei thro a'i hail-adeiladu ym 1988 a rhoi sylfaen newydd â chraidd concrit iddi. Darganfuwyd medal Waterloo y Cadfridog Picton o dan y garreg sylfaen yn y broses.

Picton Monument, c. 1900. This monument, built in 1847, replaced the first monument designed by John Nash which was started in 1825. The monument was recently dismantled and then rebuilt in 1988 with a new foundation and a concrete core. In the process General Picton's Waterloo Medal was recovered from beneath the foundation stone.

Stryd Morley, c. 1900. Enwyd y stryd ar ôl David Morley, saer coed oedd â i weithdy yn y stryd hon.
Morley Street, c. 1900. The street was named after David Morley, a cabinet maker who had his workshop here.

Lôn y Tarw, oedd yn arwain o Heol y Cei i Heol Las, c. 1900.
Bull Lane, Carmarthen, leading from Quay Street to Blue Street, c. 1900.

Heol y Cei ym 1909 yn dangos yr hen Dolldy.
Quay Street in 1909 showing the old Customs House.

Heol y Bont, c. 1900. Mae'r rhan yma o'r stryd wedi'i ddymchwel pan adeiladwyd Ffordd y Cwrwg.
Bridge Street, c. 1900. This part of the street has disappeared beneath Coracle Way.

Dan-y-banc yn edrych tuag at Rhiw'r Castell, c. 1900.
Dan-y-banc looking towards Castle Hill, c. 1900.

Dan-y-banc yn edrycn tuag at Heol y Rhodfa, c. 1900.
Dan-y-banc looking towards Parade Road, c. 1900.

Heol y Bont a Charchar Caerfyrddin o'r awyr, c. 1930. Gellir gweld y gorthwr, y porthdy, rhannau o'r wal a'r tŵr de-orllewin yn glir. Mae Ffordd y Cwrwg nawr yn torri llwybr drwy'r tai a'r strydoedd ar waelod y llun.

Bridge Street and Carmarthen Gaol from the air, c. 1930. The castle keep, gatehouse and parts of the wall and the south-west corner tower show quite clearly. Coracle Way now cuts through the houses and streets at the bottom of the photograph.

Caerfyrddin – Diwydiant a Masnach Carmarthen – Industry and Commerce

*Llong hwylio, y **Ruth** o wledydd Llychlyn efallai, wedi'i chlymu i gei y iard goed ger Y Gwrthglawdd, c. 1900.*
A sailing ship, possibly the *Ruth* from Scandinavia, tied up by the timber yard on the Bulwarks, c. 1900.

Cei Caerfyrddin o'r Gwrthglawdd, cyn 1900.
Carmarthen Quay from the Bulwarks, before 1900.

Cei Caerfyrddin o'r Gwrthglawdd, cyn 1900.
Carmarthen Quay from the Bulwarks, before 1900.

Y Cei a golwg o'r 'Pothouse' cyn 1900.
The Quay showing the 'Pothouse', before 1900.

Glanfa'r 'Pothouse', c. 1900.
Pothouse Wharf, c. 1900.

Glanfa'r 'Pothouse', c. 1904, yn ystod adeiladu stordy'r 'WCA'.
Pothouse Wharf, c. 1904, during construction of the WCA warehouse.

Llwytho stemar cyn 1900. Sylwch ar y dyn yn cysgu y tu ôl i'r ddwy ferch.
Loading a steamer before 1900. Note the man asleep behind the two girls.

Glanfa'r Ynys a'r craen cyn 1900. Sylwch ar y stordy wrtaith ar y dde.
Island Wharf and the crane before 1900. Note the manure warehouse on the right.

Coryglwyr ar y Gwrthglawdd, c. 1905. Tynnwyd y llun gwreiddiol gan J.F. Lloyd ac roedd yn garden post poblogaidd am gyfnod wedi hynny.
Coraclemen on the Bulwarks, c. 1905. The photograph was taken by J.F. Lloyd and later made into a popular postcard.

Pont Caerfyrddin ym 1871.
Carmarthen Bridge in 1871.

Pont Caerfyrddin, c. 1920.
Carmarthen Bridge, c. 1920.

Pont Caerfyrddin, c. 1936, gan ddangos y bont bren dros-dro a adeiladwyd pan ddarganfuwyd fod yr hen bont yn ddiffygiol.
Carmarthen Bridge, c. 1936, showing the temporary wooden bridge built when the old bridge became unsafe.

Dymchwel yr hen bont ym 1937.
The old bridge being demolished in 1937.

Y bont newydd yn cael ei hadeiladu.
The new bridge under construction.

Agor y bont newydd yn Ebrill 1938.
The new bridge was opened in April 1938.

Y rhodlong, y Forth, *yn gwneud ei ffordd i fyny'r afon wedi mynd o dan bont y rheilffordd, c. 1905. Sylwer ar y nofwyr yn y dŵr.*
The paddle-steamer the *Forth* coming up river having passed the railway bridge, c. 1905. Note the swimmers in the water.

Y 'Bont Wen' – hen bont Brunel, yn ogystal â'r bont newydd a oedd i'w disodli, c. 1911.
The 'White Bridge', Brunel's old bridge can be seen together with the new bridge which was
to replace it, c. 1911.

Marchnad Caerfyrddin, c. 1900. Agorwyd y farchnad ym 1846.
Carmarthen Market, c. 1900. The market was opened here in 1846.

Marchnad Caerfyrddin, c. 1900.
Carmarthen Market, c. 1900.

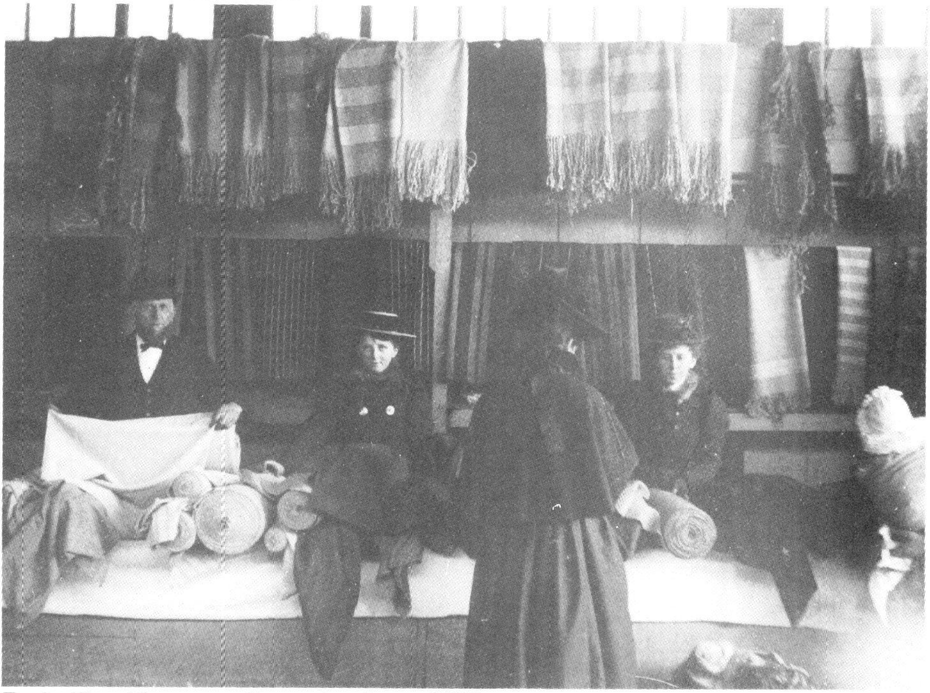

Teulu King Morgan wrth eu stondin, c. 1900.
The King Morgan family on their stall, c. 1900.

Ffair John Brown efallai, yn Heol Awst, c. 1900. Cynhelid ffeiriau a marchnadoedd ar strydoedd Caerfyrddin ers cyfnod y canol-oesoedd.
Possibly John Brown's fair in Lammas Street, c. 1900. Fairs and markets were held in the streets of Carmarthen from the medieval period onwards.

Ffair geffylau ym Maes Nott, c. 1930.
A horse fair in Nott Square, c. 1930.

*Y cynhaeaf gwair yng Nghaerfyrddin ar safle'r orsaf heddlu bresennol yn y dre,
c. 1900.*
Making hay in Carmarthen on the site of the present police station, c. 1900.

Dyfrliw yn dangos tu fewn y Gwaith Haearn yng Nghaerfyrddin, c. 1790. Defnyddiwyd y darlun i wneud y dei ar docyn copr ½d. Daeth y Gwaith Haearn yn Waith Tun yn ddiweddarach.

A watercolour showing the inside of Carmarthen Ironworks, c. 1790. This illustration was used to make the die for a copper ½d. token. The ironworks later became the tinworks.

Gweithwyr tun Caerfyrddin, c. 1900.
Carmarthen tinplate workers, c. 1900.

Seiri ym Mhensarn, c. 1901.
Carpenters in Pensarn, c. 1901.

Wagen gludo cwrw a diodydd mwynol, c. 1900.
A Carmarthen beer and mineral water delivery wagon, c. 1900.

Ffatri laeth 'Cow & Gate' yn Nhre-Ioan, c. 1925.
The Cow & Gate milk factory in Johnstown, c. 1925.

Y Gwaith Nwy, Caerfyrddin, c. 1925. Goleuwyd Caerfyrddin gyntaf gan nwy ym 1822.
The Gasworks, Carmarthen, c. 1925. Carmarthen was first lit by gas in 1822.

Chwith ir dde/Left to right: B.A. Lewis; Christopher Williams (yr arlunydd/the artist); Mrs Williams.

Roedd B.A. Lewis, Rheolwr y Gwaith Nwy, yn arlunydd dyfrliwiau o fri. Ef oedd tad Morland Lewis, yr arlunydd.

B.A. Lewis was the manager of the Gasworks and a fine watercolourist. He was also the father of the artist Morland Lewis.

Postmyn yn Stryd Morley, c. 1900.
Postmen delivering the mail in Morley Street, c. 1900.

Staff y Swyddfa Bost, c. 1920.
Post Office staff, c. 1920.

Staff y Swyddfa Bost, c. 1920.
Post Office staff, c. 1920.

Teulu'r Postmon, c. 1905.
A postman's family, c. 1905.
Chwith ir dde/left to right: Dan Thomas,
Dorothy Thomas and 'Spinky'.

Staff yr ystafell beiriannau yn Swyddfa Bost Caerfyrddin, c. 1900. Roedd y llun hwn yn eiddo i Miss Nano Evans.
Staff in the machine room at Carmarthen Post Office, c. 1910. The photograph belonged to Miss Nano Evans.

Caerfyrddin – Pobl a Llefydd Carmarthen – People and Places

Ystrad, Tre-Ioan, c. 1870. Adeiladwyd ar gyfer John Jones, rhwng 1800–10, a oedd yn AS dros Fwrdeisdref Caerfyrddin o 1821–35.
Ystrad, Johnstown, c. 1870. Built for John Jones between 1800–10, who was MP for Carmarthen Borough 1821–35.

Ysbyty Dewi Sant, c. 1925. Agorwyd ym 1865 yn dwyn y teitl – Joint Counties Lunatic Asylum – am y gost o £24,950.

St David's Hospital, c. 1925. It was opened in 1865 as the Joint Counties Lunatic Asylum at a cost of £24,950.

Tim Hoci Cymysg Ysbyty Dewi Sant.

George Stevens, Llywodraethwr Carchar Caerfyrddin, a'i staff yn yr 1860au diweddar.
George Stevens, the Governor of Carmarthen Gaol, and his staff in the late 1860s.

Y Parch David Lloyd (1805–63), Pri-fathro Coleg y Presbyteriaid yng Nghaerfyrddin o 1853 ymlaen. Efallai mai ar achlysur ei briodas ym 1853 y tynnwyd y llun hwn.
Revd David Lloyd (1805–63), the Principal of the Presbyterian College Carmarthen from 1853. The photograph may date from his wedding in 1853.

Ysgol Ramadeg Caerfyrddin, c. 1900. Adeiladwyd yr ysgol ar y safle hwn ym 1884.
Carmarthen Grammar School, c. 1900. The school was built on this site in 1884.

Roedd Ysgol Ramadeg y Merched mewn adeiladau newydd y drws nesa i Ysgol y Bechgyn ym 1900.
The Girls' Grammar School occupied new buildings adjacent to the Boys' School in 1900.

Staff Ysgol Ramadeg y Merched, c. 1920.
Staff at the Girls' Grammar School, c. 1920.

Ysgol Iau Tre-Ioan, c. 1910.
Johnstown Junior School, c. 1910.

Ysgol y Bechgyn, Pentrepoeth, Safon 5, 1920.
Pentrepoeth Boys' School, Standard 5, 1920.

Ysgol y Bechgyn, Y Model, Dosbarth 2a, c. 1930.
Model Boys' School, Class 2a, c. 1930.

William Jones, Prifathro Ysgol Gelf Caer-fyrddin am yn agos i ddeugain mlynedd o c. 1880 hyd 1920. Bu farw ym 1931 yn 92 oed.
William Jones. He was headmaster of Carmarthen School of Art for nearly 40 years from c. 1880 until 1920. He died in 1931 aged 92.

Ysgol yr Hen Goleg, Caerfyrddin, c. 1904.
Old College School, Carmarthen, c. 1904.

John Hinds, AS dros Caerfyrddin 1918–1923.
John Hinds, MP for Carmarthen 1918–1923.

George Eyre Evans (1897–1939). Gweinidog gyda'r Undodiaid ac hynafiaethydd, a fu am flynyddoedd lawer yn Ysgrifennydd Cymdeithas Hynafiaethau Sir Gaerfyrddin ac yn brif gynhaliydd yr Amgueddfa.
George Eyre Evans (1897–1939). He was a Unitarian minister and antiquarian who, for many years, was the Secretary of the Carmarthenshire Antiquarian Society and the mainstay of the museum.

Y Parch Latimer Maurice Jones, Ficer San Pedr o 1863–1878. Codwyd y porth presennol i fynwent yr Eglwys er cof amdano.
The Revd Latimer Maurice Jones, Vicar of St Peter's from 1863–1878. The present lych-gate was erected in his memory.

Eglwys San Pedr, c. 1900.
St Peter's Church, c. 1900.

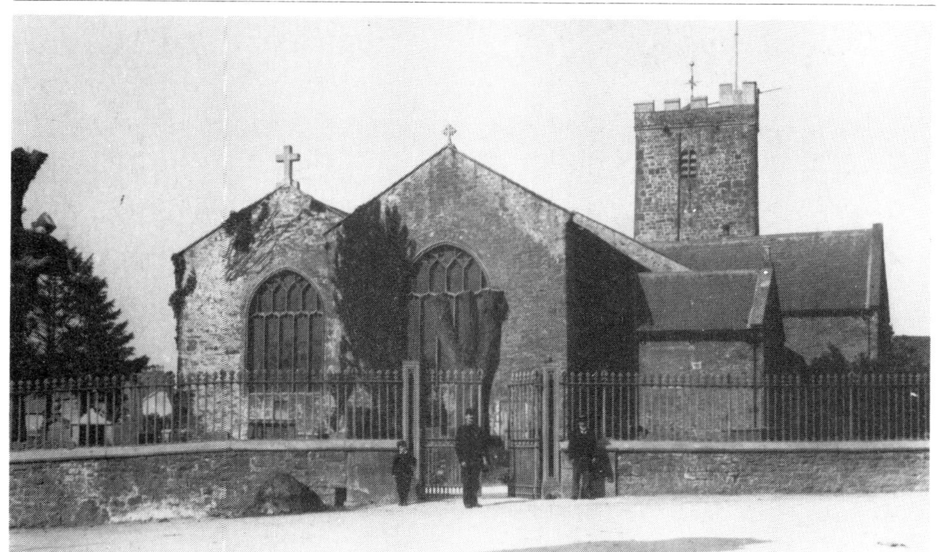

Ochr ddwyreiniol Eglwys San Pedr, c. 1905.
St Peter's, east end, c. 1905.

Y Parch John Lloyd, Ficer San Pedr, ac wedi hynny, Esgob Abertawe.
Revd John Lloyd, Vicar of St Peter's and afterwards Bishop of Swansea.

Eglwys San Pedr, c. 1905.
St Peter's Church, c. 1905.

Charles Moss, clerc y plwy, Eglwys Dewi Sant.
Charles Moss, the parish clerk of St David's Church.

Hugh Jones, gweinidog Capel Heol Awst.
Hugh Jones, minister of Lammas Street Chapel.

David Archard Williams, prifathro'r Ysgol Ramadeg 1824–1956, Ficer Eglwys Dewi Sant ac Archddiacon Caerfyrddin o 1865–1879.
David Archard Williams, headmaster of the Grammar School, 1824–1856, Vicar of St David's and Arch Deacon of Carmarthen from 1865–1879.

Persondy Eglwys Dewi Sant, 1870. Gellir gweld tŵr yr eglwys yn y cefndir. Defnyddir yr adeilad nawr ar gyfer swyddfeydd i'r Llys Sirol.
St David's Parsonage, 1870. The tower of St David's shows in the background and the building is now a County Court Office.

*Y Parch T.R. Walters, ficer
Eglwys Dewi Sant.*
Revd T.R. Walters, the vicar of
St David's Church.

Côr Eglwys Crist, Caerfyrddin.
The choir of Christ Church, Carmarthen.

David a Sally Lewis, 83 a 84 mlwydd oed, o Erddi Brigstocke, Caerfyrddin. Ar ôl priodi ym 1846, buont yn byw gyda'i gilydd mewn un ystafell am 61 o flynyddoedd. Bu hi farw ym 1907 ac ef ym 1912.
David and Sally Lewis aged 83 and 84 of Brigstocke Garden, Carmarthen. Married in 1846, they lived together in one room for 61 years. She died in 1907 and he in 1912.

Miss M. Latimer Jones, merch hynaf ficer Eglwys San Pedr.
Miss M. Latimer Jones, the eldest daughter of the vicar of St Peter's.

Henry Brinley Richards (1819–85). Ganed yng Nghaerfyrddin ym 1819, mae Brinley Richards yn adnabyddus fel cerddor a chyfansoddwr o fri, ac awdur 'God Bless the Prince of Wales'.
Henry Brinley Richards (1819–85). Born in Carmarthen in 1819, Brinley Richards became a famous musician and composer, best remembered for his piece 'God Bless the Prince of Wales'.

J.F. Lloyd, clerc yn y Swyddfa Brofeb, a ffotograffydd dawnus a dynnodd nifer o'r lluniau a welir yn y gyfrol hon. Bu farw ym 1937.
J.F. Lloyd. He was a clerk in the Probate Office and a talented amateur photographer who took a number of the photographs in this book. He died in 1937.

Gwraig a phlant J.F. Lloyd yng ngardd 19 Teras Picton, c. 1904.
J.F. Lloyd's wife and children in the garden of 19 Picton Terrace, c. 1904.

Ysgol y Merched, Pentrepoeth, c. 1910.
Pentrepoeth Girls' School, c. 1910.

Clwb Rotari Caerfyrddin, 1957.
Carmarthen Rotary Club, 1957.

Caerfyrddin – Digwyddiadau au Achlysuron Carmarthen – Events and Occasions

Ffair Ffansi, 1904.
The Fancy Fair, 1904.

Swyddogion a saethwyr Ail Gwmni Gwir Foddolwyr Reiffi Caerfyrddin, c. 1869.
The officers and 'crack' shots, second company, Carmarthen Rifle Volunteers, *c.* 1869.

Yr Uwch-Sarsiant Kyle yng ngwisg Gwirfoddolwyr Reiffl Caerfyrddin.
Sergeant Major Kyle in the uniform of the Carmarthen Rifle Volunteers.

Gwirfoddolwyr o Gaerfyrddin ar eu ffordd i Ryfel y Bŵr.
Carmarthen Volunteers on their way to The Boer War.
Cefn/Back: H.C. Langman. *Blaen chwith ir dde*/Front, left to right: John Phillips, James Meredith Williams, Theo Rogers.

Mintai Croes Goch Caerfyrddin, 1915.
Carmarthen Red Cross detachment, 1915.
Cefn chwith ir dde/Back row, left to right: M. White, -?-, -?-, Sister Jefferies, -?-.
Canol/Middle row: Miss Ditchard, *Metron yr Ysbyty*/Matron of the Infirmary; -?-. *Blaen*/
Front row: Pollie Richards, Constance Brigstocke.

Sarsiant Robert Mason Thomas ym mhrif wisg arddangos Milisia Artileri Caerfyrddin, c. 1869.

Sergeant Robert Mason Thomas in the No. 1 dress uniform of the Carmarthen Artillery Militia, *c.* 1869.

Officers of "A" Company 1st Carms. Battn. Home Guard

MAY, 1940—DECEMBER, 1944

LIEUTS. W. D. WILLIAMS   C. GITTINGS   A. C. H. CARPENTER   D. L. M. STEEL   J. D. PHELPS   F. LAKEY   B. D. ROBINSON
C.S.M. K. JAMES   LIEUTS. D. E. HERRING   P. J. KELLY   W. LL. HINDS   D. H. LEWIS   W. DAWKINS
LIEUTS. D. G. LEWIS   W. S. HARRIES   CAPT. D. G. JAMES   MAJOR EMLYN WILLIAMS,   CAPT. G. W. RALPHS,   LIEUTS. D. J. MORGAN   H. G. LEWIS

Pwyllgor yr Eisteddfod yng Ngorsaf Caerfyrddin ym 1909 ar fin mynd i Lundain.
Eisteddfod Committee at Carmarthen Station in 1909 going to London.

Gorsedd y Beirdd ar risiau Neuadd y Dref ym 1911.
The Gorsedd on the Guildhall steps, 1911.

Yr helfa, ar y Clôs Mawr, c. 1920.
The hunt in Guildhall Square, c. 1920.

Roedd gwarchodlu arbennig gan Uchel-Siryf Sir Gaerfyrddin a oedd yn ei hebrwng ar ei ddyletswyddau swyddogol. Ei weision neu ei denantiaid oeddent bron i gyd, a gwisgent mewn gwisg a ddarparwyd ar eu cyfer gan yr Uchel-Siryf ei hun. Dyma osgordd Henry James Bath, Allt-y-ferin, a oedd yn Uchel-Siryf ym 1869–70.

The High Sheriff of Carmarthenshire had a special guard who escorted him on his official duties. They were normally drawn from his servants or tenants and dressed in a uniform provided by him. These are the retinue of Henry James Bath, Allt-y-ferin who was High Sheriff in 1869–70.

Y Ffair neu'r Ŵyl Ffansi a drefnwyd er mwyn codi arian i adeiladu Ysgol Gelf Caerfyrddin, a agorwyd ym 1892.
The Fancy Fair or fête organized to raise funds to build the new Carmarthen School of Art which opened in 1892.

Gosod y briciau cyntaf ar ystâd dai Neuadd y Parc.
Laying the first bricks on the Park Hall housing estate.

Adeiladu coelcerth y Coroni ar Fryn Penlan, Mehefin 21ain 1911.
Building the coronation bonfire on Penlan Hill, 21 June 1911.
Sefyll chwith ir dde/Standing, left to right: Mr Jenkins (Water Street), Mr J.H. Williams
(*Undeb Ffermwyr Caerfyrddin*/Carmarthen Farmers' Union), Mr H. Spencer Morris, J.F.
Morris.

Balŵn aer-poeth yn glanio yn y cae lle saif Gorsaf yr Heddlu heddiw.
A hot air balloon landing on the field where the Police Station now stands.

Parc Caerfyrddin – llun a dynnwyd o dŵr Eglwys Dewi Sant yn fuan ar ôl i'r Parc agor ym 1900.
Carmarthen Park – taken from the tower of St David's soon after the Park opened in 1900.

Y Beiciwr Awyr a'r deifiwr uchel o'r Unol Daleithau, Schreyer, ym Mharc Caerfyrddin ar y Llungwyn 1905. Postiwyd y garden yma ar y dydd Mercher canlynol.
The American trick cyclist Schreyer at Carmarthen Park on Whit Monday 1905. This card was posted on the following Wednesday.

Rasio beiciau ar y trac ym Mharc Caerfyrddin, c. 1905. Roedd y rasiau yma yn
boblogaidd dros ben, tyrfaoedd yn heidio yno i bob cyfarfod.
Cycle racing on the track in Carmarthen Park, c. 1905. These events were very popular and
attracted large crowds.

Mabolgampau ym Mharc Caerfyrddin, c. 1905.
Athletics in Carmarthen Park, c. 1905.

Gêm hoci ar y caeau wrth ymyl yr Eglwys Gatholig, lle mae Rhodfa'r Santes Non heddiw. c. 1900.
A hockey match on the fields adjacent to the Roman Catholic Church where St Non Avenue now stands, c. 1900.

Roedd Parc Caerfyrddin yn fan poblo-
gaidd nid yn unig ar gyfer mabolgam-
pau, ond hefyd am ddigwyddiadau
cymdeithasol a chyfarfodydd awyr-
agored o bob math, fel ymweliad
oddiwrth bencampwr trapîs y syrcas.
Carmarthen Park was a popular venue
not only for sports meetings, but also
visits by the circus trapeze artists and a
whole range of social events.

Eliffantau'r syrcas yn Heol Awst, c. 1904.
Circus elephants in Lammas Street, c. 1904.

Syrcas yn cyrraedd Maes Nott ym 1882.
A circus entering Nott Square in 1882.

Eliffantau'r syrcas ym Maes Nott ym 1882.
Circus elephants in Nott Square in 1882.

Y syrcas yn Clôs Mawr, c. 1904.
The circus in Guildhall Square, c. 1904.

Y Tywi wedi gorlifo'i glannau. Llifogydd ym Mhensarn ar Dachwedd 4ydd 1931.
The Tywi in an angry mood. Floods at Pensarn on 4 November 1931.

Cwch ar groesfan y rheilffordd ym Mhensarn yn ystod llifogydd 1931.
A boat on the railway crossing at Pensarn during the 1931 floods.

Y Tywi wedi rhewi rhwng y ddwy bont ym 1917.
The frozen Tywi between the road and railway bridges in 1917.

Y Tywi ar Ionawr 23ain 1940.
The Tywi on 23 January 1940.
Chwith ir dde/Left to right: H.N. Evans, -?-, P.F. Carter.

Dyffryn Tywi
The Tywi Valley

Castell Pigyn, c. 1870. Adeiladwyd y plasty hwn wrth ymyl tŷ cynharach ym 1831–32 gan W.O. Price. Fe'i dymchwelwyd ym 1971.
Castell Pigyn, c. 1870. The mansion was built close by an earlier house in 1831–32 by W.O. Price. It was demolished in 1971.

Stryd Fawr, Abergwili, c. 1900.
High Street, Abergwili, c. 1900.

Gorsaf Reilffordd Abergwili, c. 1920.
Abergwili Railway Station, c. 1920.

Cerfluniau perth 'Gardd Eden', Abergwili. Roeddent yn adnabyddus iawn yn eu dydd, yn denu nifer o ymwelwyr. Maen nhw wedi diflannu erbyn hyn.

The topiary figures at the 'Garden of Eden', Abergwili were renowned and attracted numerous visitors. Sadly they have now all disappeared.

Palas yr Esgob, Abergwili, c. 1890.
The Bishop's Palace, Abergwili, c. 1890.

Ochr y capel o'r Palas ym 1870.
The chapel wing of the Palace in 1870.

Y bore ar ôl y tân trychinebus ym 1903.
The morning after the disastrous fire of 1903.

Y Palas, c. 1910. Amgueddfa Caerfyrddin sydd yno nawr.
The Palace, c. 1910. The Palace is now the Carmarthen Museum.

Yr Esgob Connop Thirlwall (1797–1875) a oedd yn Esgob Tyddewi o 1840 i 1845. Fe'i claddwyd yn Abaty San Steffan.
Bishop Connop Thirlwall (1797–1875) was Bishop of St David's from 1840–45. He is buried in Westminster Abbey.

Prif neuadd y Palas yn ystod cyfnod Esgob John Owens (1897–1926), c. 1920.
The main hall of the Palace at the time of Bishop John Owens (1897–1926), c. 1920.

Yr ystafell fwyta yn Abergwili, c. 1920.
The dining room at Abergwili, c. 1920.

Yr Esgob Basil Jones, Esgob Tyddewi, 1874–97.
Bishop Basil Jones, Bishop of St David's, 1874–97.

Porthordy'r Palas yn Abergwili, c. 1900.
The Palace Lodge at Abergwili, c. 1900.

Côr y Brodyr Myrddin, Felinwen, c. 1880.
The Myrddin Brothers' Choir, Whitemill, c. 1880.

Bryn Myrddin, Abergwili, c. 1870. Adeiladwyd y tŷ ym 1858 gan Thomas Charles Morris, bancwr o Gaerfyrddin.
Bryn Myrddin, Abergwili, c. 1870. The house was built in 1858 by Thomas Charles Morris, a Carmarthen banker.

Alltygog, Abergwili, c. 1870. Adeiladwyd ym 1835, fe'i distrywiwyd gan dân ym 1922.
Alltygog, Abergwili, c. 1870. Built in 1835, the house was destroyed by fire in 1922.

Ysgol Philadelphia, Nant-y-caws, c. 1910.
Philadelphia School, Nant-y-caws, c. 1910.
Rhes gefn chwith ir dde/Back row, left to right: *athro*/teacher, Walter Jones (Penpompren), Arthur Harris (*Swyddfa'r Post*/Post Office), Tom Rees (Llwyn Melyn), Arthur Evans (Penddeulwyn Fach), Gwilym Jones (Bryngors), Jack Jones (Y Gors), Richard Roberts (Cwmgigfran), *athro*/teacher. *Rhes ganol*/Middle row: Maggie Rees (Plasbach), Phoebe Roberts (Cwmgigfran), Lizzie Daniels (Plasnewydd), May Jones (Ty'r Bwci), Mathilda Roberts (Cwmgigfran), Maisie (Brynhawddgar), May (Y Bwlch). *Rhes flaen*/Front row: Geta Davies (Gelli Uchaf), Gwladys Thomas (Pantyrynn), Eunice Rees (Fferm Nantycaws), Elsie Harries (*Swyddfa'r Post*/Post Office); Esther Rees (Fferm Nantycaws), Margretta Evans and Hetty Evans (Penddeulwyn Fach), Mary Jones (Y Sticlau).

Ysgol Login 1959. Mae'r Prifathro, y diweddar Mr Emrys Jones, i'w weld yn y rhes gefn.
Login School, 1959. The headmaster, the late Mr Emrys Jones, can be seen on the back row.

Ymweliad y Fam Frenhines ag Ysgol Login ym 1959.
The Queen Mother's visit to Login School in 1959.

Y groesffordd yn Nantgaredig, yn edrych tua'r gorllewin, c. 1900.
The crossroads at Nantgaredig looking west, c. 1900.

Pontargothi, c. 1900.
Cothi Bridge, c. 1900.

Nantgaredig, c. 1920.

Pont Nantgaredig, yn dangos y difrod a wnaed i'r bont yn ystod y llifogydd.
Nantgaredig Bridge showing damage caused during flooding.

Y Dosbarth Nos a gynhelid yn Ysgol Capel Dewi, c. 1905.
The Improvement Class held at Capel Dewi School, *c.* 1905.
*Rhes gefn, chwith ir dde/*Back row, left to right: Eleazer Thomas, (Penyglog); William Williams, (Llwynddewi); Owen Thomas, (Penyglog); Benjamin Richards, (Ty Newydd); William Roberts, (Cwmgigfran). *Rhes ganol/*Middle row: Ben Davies, (Ffosyffin Fach); Harry Davies, (Hendy); George Davies, (Penddeulwyn Fawr); John Jones, (Waunhir); David Roberts, (Cwmgigfran); John Davies, (Penybryn); Theophilus Davies, (Penybryn). *Eistedd/* Seated: Tom Evans, (Coedgain); John Jones, *gof/*blacksmith; Arthur Evans, *athro/* schoolmaster; Henry Davies, (Penddeulwyn Uchaf); David Evans, (Coedgain); Tom Davies, (Pantybedw).

Allt-y-ferin, Llanegwad, c. 1880. Adeiladwyd ym 1869 gan Henry James Bath. Dymchwelwyd ar ôl yr ail ryfel byd.
Allt-y-ferin, Llanegwad, c. 1880. Built in 1869 by Henry James Bath. It was demolished after the last war.

Ysgol Stâd Allt-y-ferin, c. 1880.
Allt-y-ferin Estate School, c. 1880.

Plasty Allt-y-ferin – yr ystafell groeso a'r llyfrgell, c. 1880.
Allt-y-ferin Mansion – a view of the drawing room and library, c. 1880.

Teulu Bath yn Allt-y-ferin, c. 1880. Gwerthwyd y plasty a'r stâd ym 1923.
The Bath family at Allt-y-ferin, c. 1880. The mansion and estate were sold in 1923.

Bwthyn ar stâd Allt-y-ferin, c. 1880. Prynodd Henry James Bath 1,290 erw er mwyn adeiladu ei dŷ a chynllunio ei stâd.
Allt-y-ferin estate cottage, c. 1880. Henry James Bath purchased 1,290 acres on which he built his home and laid out his estate.

Pantglas, c. 1920.

Pantglas, c. 1870. Adeiladwyd gan Nicholas Jones yn c. 1810, fe'i gwerthwyd i David Jones, Llanymddyfri ym 1822.
Pantglas, c. 1870. Built by Nicholas Jones in c. 1810 it was sold to David Jones of Llandovery, in 1822.

Cwrt Henri, Llangathen, c. 1870. Mae rhan o'r tŷ gwreiddiol wedi goroesi o dan y cyfnewidiadau a wnaethpwyd iddo yn y 1830au.
Court Henry, Llangathen, c. 1870. Part of the original house still survives beneath the 1830s alterations.

Aberglasnau, Llangathen, c. 1870. Ail-adeiladwyd y plasty hwn rhwng 1803 a 1805, ond adfail yw'r safle heddiw.
Aberglasney, Llangathen, c. 1870. The house was altered between 1803–05 and is now derelict.

Plas Dinefwr, Llandyfeisant, c. 1870. Adeiladwyd y plasty presennol ar stâd teulu'r Rhysiaid, ac mae'n dyddio o 1660 ond fe'i newidiwyd c. 1800. Fe'i newidiwyd eto rhwng 1854–7 pan ychwanegwyd y tyrau.
Dynevor, Llandyfeisant, c. 1870. The present mansion, built on the estate of the Rhys family, dates to 1660 but was altered c. 1800. In 1854–7 the house was further altered when the towers were added.

Tyrfa wedi ymgasglu ar gyfer seremoni agor Pont Dryslwyn, c. 1900.
Crowds gathered for the opening ceremony of Dryslwyn Bridge, c. 1900.

Tyrfa wedi ymgasglu i rythu ar weddillion y bont wedi llifogydd Mawth 1931.
Crowds gathered to gape at the remains of the bridge following the March 1931 floods.

Neuadd Bentre Llangathen cyn symud cloc y tŵr.
Llangathen Village Hall before the clock tower was removed.

Plasty Gelli Aur, c. 1870. Adeiladwyd y tŷ ym 1826 ar gynllun y pensaer Wyattville.
Golden Grove Mansion, c. 1870. The mansion was built in 1826 to the design of the architect Wyattville.

Ail Iarll Cawdor (1817–1898). Tynnwyd y llun hwn c. 1870. Etifeddodd yr Arglwydd Cawdor stâd Gelli Aur ym 1894 pan fu farw ei ffrind agos, John Vaughan. Bu'r stâd yn eiddo i deulu'r Fychaniaid am genedlaethau cyn hynny.
The second Earl of Cawdor (1817–98). The photograph dates to c. 1870. The Golden Grove estate was inherited by Lord Cawdor in 1804 on the death of John Vaughan, a close friend. Prior to that the estate had been in the Vaughan family for many generations.

Tafarn yr Hydd Gwyn ger Llandeilo yn fuan ar ôl y tân trychinebus ym 1894 pan fu farw y tafarnwr a'i bedwar plentyn.
The White Hart Inn near Llandeilo soon after a tragic fire in 1894 when the innkeeper and his four children were killed.

Tafarn yr Hydd Gwyn, c. 1920.
The White Hart Inn, c. 1920.

Llether Cadfan, Llangathen, c. 1910. Mae'r hen ffermdy hwn yn dyddio naill ai o'r 16ed ganrif neu'r 17ed ganrif. Fe'i ystyrir yn enghraifft ddiddorol iawn o bensaerniaeth traddodiadol yr ardal.

This house is of sixteenth- and seventeenth-century date and is considered to be one of the most interesting survivors of the traditional architecture of the area.

DIOLCHIADAU • ACKNOWLEDGEMENTS

Casglwyd y lluniau ar gyfer y gyfrol hon gan staff Adran Gwasanaethau Diwylliannol Cyngor Sir Dyfed. Mae'r Adran yn cynnwys gwasanaethau Archifau, Llyfrgelloedd ac Amgueddfeydd, a bu'r rhai a enwir isod yn gweithio'n uniongyrchol ar y gyfrol:

This book was compiled by members of staff of the Cultural Services Department of Dyfed County Council. The department comprises Archives, Libraries and Museums and the following staff were directly involved:

Chris Delaney • Jenny Gammon • Dara Jasumani • Marion Male
John Owen • Dewi Thomas • Liz Twist.

Mae'n diolch yn ddyledus nid yn unig i'r caredigion hynny sydd dros y blynyddoedd wedi rhoi lluniau i gasgliadau'r Adran, ond hefyd i'r cymorth a gawsom oddi wrth yr unigolion a'r mudiadau hynny a roddodd eu caniatâd inni atgynhyrchu'r lluniau sy'n eiddo iddynt, sef:

In addition to thanking the numerous donors who, over the years, have provided photographs for the department's collections, the assistance of those individuals and organizations who gave permission for the reproduction of photographs in their possession must be acknowledged. These were:

Mr D.T. Bevan • Mrs D. Bevan • *Cymdeithas Hanesyddol Llansteffan*/Llansteffan Historic Society • *Llyfrgell Genedlaethol Cymru*/National Library of Wales • Mr J. Rees • Mrs M. Roberts • Mr I.T. Roberts • Mr R. Williams.